신현호 변호사의
개인회생파산

신현호 지음

법으로 가난과 싸우는 지혜
현직 변호사가 알려주는 개인회생파산면책 비법

신현호 변호사의 개인회생·파산

초판 1쇄 발행 2023년 4월 28일

지은이 신현호
펴낸이 장현수
펴낸곳 메이킹북스
출판등록 제 2019-000010호

디자인 박단비
편집 박단비
교정 강인영
마케팅 장윤정

주소 서울특별시 구로구 경인로 661, 핀포인트타워 912-914호
전화 02-2135-5086
팩스 02-2135-5087
이메일 making_books@naver.com
홈페이지 www.makingbooks.co.kr

ISBN 979-11-6791-363-0(03360)
값 14,000원

ⓒ 신현호 2023 Printed in Korea

잘못된 책은 구입하신 곳에서 바꾸어 드립니다.
이 책의 전부 또는 일부 내용을 재사용하려면 사전에 저작권자와 펴낸곳의 동의를 받아야 합니다.

홈페이지 바로가기

메이킹북스는 저자님의 소중한 투고 원고를 기다립니다.
출간에 대한 관심이 있으신 분은 making_books@naver.com으로 보내 주세요.

신현호 변호사의
개인회생파산

신현호 지음

법으로 가난과 싸우는 지혜
현직 변호사가 알려주는 개인회생파산면책 비법

메이킹북스

목차

들어가는 말   6

◆ 개인회생 파산 사례   8

◆ 개인회생 및 파산 면책 신청에 대한 이해   11
  1. 개인회생이란   11
  2. 파산 면책이란   14
  3. 어떤 것을 신청해야 할까?   18

◆ 개인회생 신청 자격   20

◆ 개인회생 신청 절차 및 방법, 주의 사항   23
  1. 개인회생 절차   23
  2. 신청 시 준비 서류   24
  3. 관할 법원 찾기   27
  4. 신청서 접수 및 주의 사항   28

◆ **신청서 작성 방법 및 절차** 31
　1. 신청서의 각 목록과 양식 다운로드 받기　　31
　2. 개시 신청서의 작성　　32
　3. 채권자 목록　　34
　4. 재산 목록　　39
　5. 수입 및 지출에 관한 목록　　44
　6. 진술서　　50
　7. 변제 계획안　　53

◆ **개인회생 파산 면책에 대한 오해와 진실** 56
　1. 무조건 깎아 준다? 안 갚아도 된다?　　56
　2. 다른 사람은 이랬는데…　　57
　3. 대리인이 알아서 다 해 준다?　　58

맺음말　　60

들어가는 말

> 세상이 가난한 자들에게 강요하는 온갖 어려운 일을
> 우리 가족들은 기를 쓰고 해 나갔다.
>
> — 변신, 카프카 —

언제나 그랬지만 요즘도 경제는 어렵다. TV에서는 대부업체 광고가 하루 종일 나오고 거리에서는 대부업체 광고 노래를 흥얼거리는 유행에 민감한 아이들을 심심치 않게 볼 수 있다. 대부업체는 쉽게 돈을 빌려준다. 그들은 필요 서류도 필요하지 않다고 또 휴대 전화로 1분 만에 대출이 가능하다고 유혹한다. 이렇게 편한 대출에 대한 대가는 비싼 이자이다. 비싼 이자를 주면서 대부업체에서 돈을 빌리고 싶은 사람은 없겠지만 우리 주변에는 비싼 이자를 내서라도 당장의 끼니를 해결해야 하는 사람이 더 많아 보인다. 예상하다시피 이들은 약속한 이자를 계속 낼 수 없다.

이자는 돈을 빌린 자의 삶을 지배하기 시작한다. 가난이 시작된다. 세상은 그런 자들에게 온갖 어려운 일을 강요하기 시작한다. 이들은 기를 쓰고 일을 하지만 한 번 시작된 가난의 굴레를 벗어나기 어렵다. 이들은 싸움을 하다가 때로는 반칙을 하기도 한다. 생활고에 보이스 피싱에 가담하기도 하고, 마트에서 물건을 훔치기도 한다. 가난이 죄는 아니지만, 가난은 때로는 죄를 양산한다.

가난은 나라님도 구할 수 없다고 하지만 누군가 이들과 같이 싸워줄 필요가 있다. 가난에 이르렀다고 해서 그 경위를 다 탓할 수 없다. IMF처럼 예상치 못한 상황이 발생해 가난과 마주할 수밖에 없었던 자들도 있다. 오늘 가난한 자가 어제 가난한 자가 아니었듯 오늘 가난하지 않았다 해도 내일은 가난해질 수 있다. 그리고 그런 경우가 누구에게나 생길 수 있다. 너의 가난은 나의 가난이 될 수 있다. 우리 모두는 가난과 같이 싸울 필요가 있다.

그런데 싸울 때도 방법이 있다. 하지만 많은 사람들이 가난과 싸우는 방법을 잘 모른다. 가난과 싸우는 여러 가지 방법이 있겠지만 필자는 법률가로서 가난한 자와 함께 가난과 싸우고 있다. 필자가 아는 싸우는 법은 회생과 파산·면책이다. 필자는 이 책에 법률과 함께 가난과 싸우는 법을 적었다.

부디 힘겨운 싸움에 도움이 되기를 바란다.

◆ 개인회생 파산 사례

A.

재료를 납품받아 재가공하여 판매하는 조그만 공장을 운영하던 김 씨. 갑작스런 코로나바이러스 사태로 경기가 악화되었고, 그에 따른 거래 물량이 줄어들면서 운영이 힘들어지게 되었다. 그렇다고 유일한 생계유지 수단인 사업을 접을 수도 없고, 금방 경기가 회복될 것이란 희망을 가지고 힘들었지만 대출을 받고, 신용 카드로 생활하면서 1년이란 시간을 버텼다.

빚이란 것이 한번 생기기 시작하니 금방 불어났고, 김 씨는 그 1년의 시간 동안 8천만 원이라는 빚을 떠안게 되었다.

다행히 1년이 지난 후 경기가 살아나는 조짐을 보이고 사업운영도 정상화될 것 같았지만 그동안 받아온 대출에 대한 이자와 신용 카드 대금을 갚고 나면 남는 것이 없는 상황이었다.

그런 상황에서 그동안 납부할 엄두조차 못 냈던 세금으로 인해 통장이 압류가 되면서 모든 것을 포기할 수밖에 없는 상황이 되었고, 해결책을 알아보던 중 개인회생을 알게 되어 신청하게 되었으며, 월수입 300만 원 중에서 자녀 2명에 대한 생계비를 인정받아 매월 50만 원씩 갚게 되었다.

현재 그는 변제 기간 총 3년 중 2년을 납부한 상태로 남은 1년 후 모든 빚이 탕감되어 있는 자신의 삶을 기대하고 있다.

B.

부유하지 못한 가정에서 태어났지만 아르바이트를 하며 생활비를 벌어가며 씩씩하게 살아가던 청년 이 씨.

저금리 이율의 학자금 대출을 받아 학업도 무사히 마쳤지만, 취업 준비 기간 동안 일을 하지 못해 알게 된 신용 대출, 소득도 없고, 신용도도 낮은 사회 초년생에게 소액의 대출은 달콤한 유혹이었다.

그러나 소득이 없는 상태에서 받은 대출금은 생활비로 금방 사용이 되었고, 그것을 갚기 위해 또다시 대부업체에서 소액의 대출금을 받게 되었다. 그렇게 쌓여간 대출금은 6개월 동안 1,800만 원, 더 이상 대출이 되지도 않고, 신용 불량자가 되어 버렸다.

그래도 어렵사리 취업에 성공하여 이제는 열심히 갚아 나가며 살아보려 했지만 이미 연체된 이자에 불어난 빚은 그의 인생에 걸림돌이 되었다. 대부업체로부터 잦은 연락과 문자가 왔고, 급여를 받을 통장도 압류될 위기에서 그는 개인회생을 신청하게 되었고, 월급 200만 원을 받아 매월 80만 원씩 갚아나가고 있지만 무지했던 금융 생활을 반성하며 빚이 해결될 수 있다는 고마움으로 오늘도 열심히 살아가고 있다.

c.

약 20여 년 전 발생한 IMF, 이후의 신용 카드 대란 사태.

알 만한 사람은 다 안다는 그 당시의 경제적 상황에서 사업에 실패해 빚을 지고 갚지 못해 평생 신용 불량자로 살던 황 씨.

남들 다하는 본인 명의 통장 거래도, 자기가 살고 있는 곳에 주소 이전도 못하고, 혹시나 애들에게 피해가 갈까 노심초사하며 숨어 산 지도 20년이 넘었다.

이제 중년을 넘어서 노년을 준비해야 할 나이, 친구가 경비업체에서 좋은 일자리를 구해 주겠다고 제안했으나 매번 본인 명의 통장이 없어 취업 문턱에서 좌절한 기억으로 마다하기를 반복했다.

어느 날 탄 버스, 버스에 붙은 '빚 탕감'이라고 적힌 광고 전단지를 보게 되었다.

빚을 해결할 생각조차 해 보지 않아 알아보지도 않았던 파산이란 제도를 처음 안 날이었다.

혹시나 하는 마음에 전단지에 적혀 있는 변호사 사무실로 연락했고, 며칠 후 파산 신청을 하게 되었다. 법원에 몇 번을 왔다 갔다 하며 파산 관재인이라는 분한테 의심도 받고, 죄인 같은 느낌도 받았지만 빚을 지고 살아온 것 빼고는 성실했던 본인의 삶에 대해 성실하게 답변했다.

파산 신청을 한 지 약 6개월이 지났고, 법원으로부터 '채무자를 면책한다'라는 한 줄의 글이 적힌 결정문을 받았다. 그날 20년 이상 신용 불량자로 살던 황 씨의 모든 빚이 탕감되었다.

◆ 개인회생 및 파산 면책 신청에 대한 이해

1. 개인회생이란

개인회생이란 한마디로 채무 조정 절차입니다.

개인이 여러 가지 사정으로 빚을 지게 되었지만 스스로 그 빚을 감당할 수 없는 상황에 직면한 경우, 국가에서 그 빚의 무게를 조정하여 줌으로써 빚을 갚아 나갈 수 있도록 도와주는 제도입니다.

채무자가 법원에 개인회생을 신청하면, 법원의 절차에 따라 심사를 받게 되고, 그 심사에 따라 자신의 채무에 대해 갚아야 할 금액(변제금)을 조정받게 되며, 그 조정받은 결과에 따라 기간은 최소 3년, 길게는 5년간 매월 법원에서 정한 변제금을 납부함으로써 최종 면책을 받게 됩니다.

이러한 제도가 생긴 것은 돈을 빌린 사람, 즉 채무자가 빚을 감당할 수 없어 경제적인 삶을 포기하거나 정상적인 경제 활동을 하기 어렵다면 국가적으로도 손실이며, 빌려준 사람, 즉 채권자도 결코 그 빚에 대한 변제를 받기가 쉽지 않기 때문에 국가와 채권자, 그리고 채무자, 이 모두의 이익이라는 관점에서 채무자가 그 빚을 갚아 나가도록 하여 정상적인 경제 활동의 주체로 만들기 위한 취지가 있습니다.

개인회생 제도는 소득, 재산 등을 처분하지 않고, 기존의 경제적 바탕이 되는 자산들을 지켜 나가면서 빚을 갚아 나갈 수 있다는 점이 가장 큰 장점이며, 채무자의 개인회생 신청이 후 법원은 빠른 시일 내에 금지 명령이라는 추심 금지 절차를 진행하여 줌으로써 채무자는 개인회생 신청 이후 채권자의 독촉과 법적 강제 집행 등의 채권 추심으로부터 벗어난 안정적인 상황에서 변제 계획을 세울 수 있다는 점에서 많은 채무자들이 이용하고 있는 절차입니다.

<금지 명령>

지 방 법 원
결 정

사　　건　　2019개회　　　　개인회생
채 무 자　　박 (　　　　　)

주　문

채무자에 대한 이 법원 2020개회　　　호 개인회생 사건에 관하여 개인회생절차의 개시신청에 대한 결정이 있을 때까지 다음의 각 절차 또는 행위를 금지한다.
1. 개인회생채권에 기하여 채무자 소유의 유체동산과 사용자로부터 매월 지급받을 급료, 제수당, 상여금 기타 명목의 급여 및 퇴직금에 대하여 하는 강제집행·가압류 또는 가처분.
2. 개인회생채권을 변제받거나 변제를 요구하는 일체의 행위, 다만 소송행위를 제외한다.

이　유

채무자 회생 및 파산에 관한 법률 제593조 제1항을 적용하여 주문과 같이 결정한다.

2020. 1. 13.

판사　　조　　　　

법원의 금지 명령 결정문 예시

2. 파산 면책이란

흔히 일반적으로 파산이라 하면 빚이 생긴 후 그 빚을 갚지 못하여 모든 것을 포기하고 신용 불량자로 평생을 살아간다거나 다시는 통장 거래 등의 금융 거래를 못하거나 신분상의 제약을 받는 등 부정적인 생각을 가지게 됩니다.

그러나 법률적 의미의 파산 면책 제도란, 과도하게 빚을 지고 그 빚을 도저히 갚을 수 없는 상태, 즉 경제적 파탄에 이르게 된 채무자에 대한 모든 재산을 청산하여 채권자들에게 공정하게 나눠 주고, 채무자 회생 및 파산에 관한 법률에 의거 면책을 불허가할 사유가 없다면 그 채무에 대한 책임을 면해 주어 채무자가 다시금 경제적으로 사회에 복귀할 수 있도록 도와주는 절차를 말하며, 절차적으로 '파산 선고'와 '면책'이라는 두 가지 절차로 진행이 됩니다.

파산 면책은 개인회생 제도처럼 빚을 갚는 절차가 아니라 빚을 모두 탕감해 주는 절차이기 때문에 엄격한 요건과 조사가 이루어지게 되며, 예컨대, 현재 보유하고 있는 재산이 있다면 그것을 처분하여 채권자에게 나누어 주어야 하고, 과거 소유하였던 재산을 처분하였을 경우 그 처분 대금을 빚을 갚는 용도가 아닌 다른 용도로 사용하였거나 숨겨 놓지는 않았는지, 부모 또는 자녀의 명의로 재산을 취득하거나 숨겨 놓지는 않았는지, 현재 충분한 수입이 있어 갚을 능력이 있음에도 이를 숨

기고 있지는 않은지 등을 철저히 조사하게 됩니다.

　파산 면책을 받을 수 있는 조건은 수학 공식처럼 A= B라고 딱히 정해진 것이 없습니다. 다만, 법률과 진행 사례에 비추어 다음과 같이 크게 세 가지로 말씀드릴 수 있습니다.

(1) 채무 증대 사유

　필자의 의견으로 파산 면책을 신청함에 있어서 가장 중요한 것은 채무자가 빚을 지게 된 이유입니다.

　파산 면책 제도는 한편으로는 채권자의 채무자에 대한 청구권을 포기시키는 것이므로 채무자가 빚을 진 이유가 사회적으로 비난 가능성이 크다면 이 제도 자체가 매우 불합리한 것이 될 수 있기 때문입니다.

　즉, 채무자가 채무를 지고 파산 상태에 이르게 된 구체적인 사정이 불성실하지 않아야 합니다. 여기서 불성실이라는 의미는 과소비, 도박 등의 구체적 사항만을 말하는 것이 아니라 실질적으로 빚을 지고 못 갚게 된 사유가 사회적 통념 상, 다른 말로 객관적으로 납득할 만한 것이어야 한다는 것입니다.

(2) 변제 능력의 부존재

　파산 면책을 받기 위해서는 변제 능력이 없어야 합니다. 변제 능력을 측정하는 척도는 크게 재산과 소득이라고 볼 수 있으며, 재산이나 소득이 있는 경우는 파산보다 개인회생 등 채무 조정 절차를 이용하여야 할 것입니다.

이 조건의 판단에서 중요한 부분은 소득이 있는 경우에도 실제 부양하고 있는 가족이 많아 현재 소득만으로는 빚을 갚아 나갈 수 없다거나 재산이 있지만 생계를 위해 꼭 필요한 것들이 있을 수 있는 등, 그 변제능력의 기준을 일률적으로 판단하기는 어렵기 때문에 진정 자신이 빚을 갚을 수 없는 상황인지를 객관적으로 설명할 수 있는지를 반드시 판단해 보아야 하며 그 판단이 어렵다면 파산 신청 전 전문가와 상담을 해 보는 것도 좋은 방법일 것입니다.

(3) 면책 불허가 사유의 부존재

면책 불허가라는 용어의 의미는 말 그대로 법원의 선고를 받아 파산자가 되었지만 채무를 면해주지 않는다는 뜻이며, 면책 불허가 사유가 있다면 파산 면책을 받을 수 없습니다.

대표적인 면책 불허가 사유에는 재산 은닉, 허위 진술, 법원의 요구에 대한 진술 거부 또는 설명 의무 위반, 불법적으로 발생된 채무 등이 있는데, 이는 『채무자 회생 및 파산에 관한 법률』 제564조에서 그 구체적인 사유를 법으로 정하고 있으며, 단, 불허가 사유가 있더라도 앞서 말한 채무를 지게 된 경위가 어느 누가 보더라도 부득이하거나 불운한 경우(예컨대 오래전 부득이하게 가족의 보증을 선 경우), 면책을 해 주어야 할 특별한 이유(예컨대 중한 질병을 앓고 있는 경우)가 있는 경우에는 예외적으로 면책을 받을 수 있습니다.

제564조(면책 허가) ① 법원은 다음 각호의 어느 하나에 해당하는 때를 제외하고는 면책을 허가하여야 한다.

1. 채무자가 제650조·제651조·제653조·제656조 또는 제658조의 죄에 해당하는 행위가 있다고 인정하는 때

2. 채무자가 파산 선고 전 1년 이내에 파산의 원인인 사실이 있음에도 불구하고 그 사실이 없는 것으로 믿게 하기 위하여 그 사실을 속이거나 감추고 신용 거래로 재산을 취득한 사실이 있는 때

3. 채무자가 허위의 채권자 목록 그 밖의 신청 서류를 제출하거나 법원에 대하여 그 재산 상태에 관하여 허위의 진술을 한 때

4. 채무자가 면책의 신청 전에 이 조에 의하여 면책을 받은 경우에는 면책 허가 결정의 확정일부터 7년이 경과되지 아니한 때, 제624조에 의하여 면책을 받은 경우에는 면책 확정일부터 5년이 경과되지 아니한 때

5. 채무자가 이 법에 정하는 채무자의 의무를 위반한 때

6. 채무자가 과다한 낭비·도박 그 밖의 사행 행위를 하여 현저히 재산을 감소시키거나 과대한 채무를 부담한 사실이 있는 때

② 법원은 제1항 각호의 면책 불허가 사유가 있는 경우라도 파산에 이르게 된 경위, 그 밖의 사정을 고려하여 상당하다고 인정되는 경우에는 면책을 허가할 수 있다.

3. 어떤 것을 신청해야 할까?

요약하자면 개인회생과 파산 면책 제도의 공통점은 스스로 감당할 수 없는 빚을 지고 있는 사람들을 위한 제도라는 점이며, 두 제도의 큰 차이점은 '그 빚을 조금이라도 갚아 나갈 수 있는지, 없는지'일 것입니다.

이러한 점에서 본다면 우리가 개인회생과 파산 절차 중 어떤 것을 신청해야 할까 고민할 수 있는데, 어떤 절차를 선택하느냐에 따라 빚이란 문제가 해결될 수 있는지 없는지는 물론이고 향후 인생이 달라질 수도 있는 부분이기 때문에 매우 신중한 선택이 필요하다고 할 것입니다.

기본적인 생각의 시작은 '개인회생 절차를 통해 빚을 갚을 수 있을까'라는 고민에서 시작하는 것이 바람직하고, 뒤에 설명하는 개인회생 신청, 자격 조건을 따져 보아 '개인회생을 신청하여 결정을 받더라도 도저히 매월 빚을 갚아 나갈 수 없을 것 같다'라고 생각되거나 '향후 일정한 소득 생활을 할 수 없는 경우', '개인의 채무 금액이 10억이 넘거나 자신의 소득에 비해 현저히 많은 경우'에는 과감히 파산 절차를 고려하는 것이 맞을 것입니다.

위 두 제도 외에도 답이 없다면 생각해 볼 수 있는 방법은 신용 회복 위원회에서 진행하고 있는 워크아웃 제도입니다.
개인 워크아웃 제도는 개인회생 절차와 비슷한 제도로 신용 회복 위원회의 심사와 채권자 협의를 거쳐 매월 나누어야 할 금액이 정해지면 정해진 기간 동안 매월 조정된 변제금을 납부하는 제도로서, 그 시행 기관이 법원이 아닌 신용 회복 위원회이고, 빠른 추심 금지 절차(신청 후 3일)와 심사 기간이 짧고 절차가 개인회생 절차보다 매우 간소하다는 점, 상환 기간이 10년까지로 기간이 개인회생보다 매우 긴 반면(개인회생은 최소 3년) 월 변제 금액이 개인회생보다 적을 수 있다는 점, 상환 기간 중 신용 회복 위원회의 여러 가지 지원 정책에 따른 혜택을 볼 수 있다는 특징이 있습니다. 다만, 신용 회복 위원회와 협약된 기관이 아니면 조정을 받기 어려운 점(예컨대, 개인 채권자나 물품 대금 등의 채무), 신청 조건이 연체일로부터 90일이 지나야 한다는 점이 대표적 단점입니다.

◆ 개인회생 신청 자격

이제부터 개인회생을 신청하기 위한 가장 기본적인 자격 요건을 간단히 살펴볼 텐데, 너무 어렵게 생각하지 않았으면 좋겠다는 바람으로 최대한 간략하고 쉽게 설명하고자 합니다.

신청 자격 1. 총 채무(무담보) 금액이 10억 미만, 담보 채무는 15억 미만이어야 합니다.

개인회생에서 대상이 되는 채무는 일단 본인이 가지고 있는 모든 빚이라고 생각을 하면 됩니다. 기본적인 신용 대출이나 신용 카드 대금뿐만 아니라 세금, 개인에게 빌린 채무, 사업자의 물품 대금, 통신료, 기타 연체료 등 거의 모든 채무가 포함됩니다.

다만, 특별하게 보아야 할 것은 부동산이나 자동차를 소유한 경우의 담보 채무이며, 이는 다른 일반 채무들과는 별도로 그 금액을 계산하고, 개인회생 신청을 하더라도 그 재산을 유지하기 위해서는 별도로 갚아야 한다는 특징이 있습니다.

신청 자격 2. 재산보다는 빚이 많아야 합니다.

재산이란 부동산, 자동차, 보험 환급금, 사업장이나 거주지의 임차 보증금 등이 있습니다.

　여기서 중요한 점은 재산의 가치를 따져볼 때, 현재 가지고 있는 재산을 처분했을 때의 가치, 또는 보험을 해지하였을 경우 현재 기준의 환급금, 즉 그 재산이 현재 얼마나 가치 있는지를 판단해 보아야 하고, 실제 법원에 그 가치를 소명할 수 있어야 한다는 점입니다.

　예컨대, 토지를 소유한 사람의 경우 그 토지의 공시 지가가 토지의 가치로 생각하는 경우가 많은데, 실제 공시 지가는 매매가보다 낮은 경우가 많고, 그렇기 때문에 법원에서는 그 토지의 현재 실제 매매가를 기준으로 판단하여 재산 가치를 판단한다는 것입니다.

　신청 자격 3. 소득이 있어야 합니다.

　소득은 개인회생 변제금의 책정 기준이자, 법원에서 이 채무자가 향후 자신이 제출한 변제 계획을 이행할 수 있는 지를 판단하는 가장 중요한 기준입니다.

　소득의 종류는 급여 소득자나 사업자, 아르바이트, 일용직 근로자, 4대 보험 미가입 근로자 등 여러 가지가 있고, 그 소득에 대한 증빙만 할 수 있으면 어떤 소득이든 상관없습니다.

　중요한 것은 자신의 소득이 일시적인 소득이 아니라 향후 지속적으로 매월 꾸준하게 벌 수 있는 것이란 점을 설명할 수 있어야 한다는 것입니다.

신청 자격 4. 개인회생 기간 동안 변제하는 총금액(변제금)이 지금 자신의 재산 가치보다 커야 합니다(변제 계획 이행 가능성).

예컨대, 부동산과 자동차를 보유하고 있고 그 가치가 5천만 원이며, 빚은 1억 원, 소득은 매월 200만 원인 채무자가 있습니다.
이러한 경우 채무자는 무조건 개인회생의 최장 변제 기간인 5년 안에 자신의 보유하고 있는 재산의 가치인 5천만 원 이상의 변제를 해야 합니다. 이것을 개인회생 절차에서는 '청산 가치 보장의 원칙'이라고 하는데, 자신이 보유한 재산보다 적게 빚을 갚는 것은 채권자와의 형평에 맞지 않기 때문에 재산보다는 많이 갚으라는 것입니다.

즉, 위 채무자의 경우 5년간 5천만 원 이상을 갚아야 하기 때문에 이를 5년으로 나누어 계산해 보면 매월 최소 100만 원 이상을 갚아야 합니다. 하지만 매월 200만 원의 소득으로 생활비 등의 지출을 고려해 볼 때 현실적으로 100만 원씩을 갚아 나가기란 매우 어려울 것입니다.
이러한 경우는 개인회생을 신청하여 결정을 받더라도 그 변제금을 이행할 수 없어 결국 실패하게 되기 때문에 꼭 신청 시 그 변제 계획에 대한 변제 가능성을 판단해 보아야 한다고 생각하여 이 점을 신청 자격으로 분류해 보았습니다.

◆ 개인회생 신청 절차 및 방법, 주의 사항

1. 개인회생 절차

개인회생 절차는 채무자가 법원에 "빚이 많아 개인회생을 통해 변제하고 싶으니 받아주십시오"라는 취지의 신청을 하면, 법원에서는 이 신청에 대한 판단을 위해 여러 가지 사항을 심사 및 조사를 하는 절차를 진행하며, 신청자가 그 절차에 성실히 임하면 법원으로부터 개인회생 결정(판결)을 받을 수 있는 절차입니다.

이 절차의 대략적인 순서를 간략히 요약해 보면, 아래와 같습니다.

> 신청서 접수>금지 명령>보정 권고 이행>개시 결정>채권자 이의 기간>채권자 집회 기일>인가 결정>변제 계획 이행>면책 결정

채무자가 법원에 개인회생 개시 신청서를 법원에 제출, 접수하면 신청이 완료되며, 신청서 접수 시 금지 명령 신청서를 같이 제출하였다면 통상 일주일 이내에 금지 명령을 채권자들에게 송달하여 줍니다.

이후 법원에서 신청인이 신청한 내용에 대한 심사에 필요한 여러 가지 사항을 신청인에게 요청하게 되는데, 이는 보통 '보정 권고' 또는 '보정 명령'이라는 명칭의 서류로 신청인의 주소로 송달이 됩니다.

신청인은 위와 같이 도달된 법원의 '보정 권고' 등의 서류에 내용을

이행해야 하며, 이를 이행하지 않으면 신청이 취소되거나 받아들여지지 않을 수 있습니다. 이를 통상 '기각 결정'이라고 하는 것입니다.

법원의 '보정 권고'를 성실히 이행하게 되면 법원에서 신청인이 신청한 개인회생을 받아들여 준다는 의미의 '개인회생 절차 개시 결정'이라는 결정을 내려줍니다.

이때부터 신청인은 변제 계획안에 따른 변제금의 납부를 시작하게 되며, 채권자의 이의 신청이 있다면 이를 답변해야 하며, 특별한 이의 신청이 없다면 서로 이의가 없다는 내용을 확인하는 날인 '채권자 집회 기일'에 반드시 참석하여야 하고, 참석 이후 약 한 달 안에 인가 결정이라는 최종 확정 판결을 받을 수 있습니다.

인가 결정 이후에는 확정된 변제 계획안의 내용대로 매월 변제금만 잘 납부하면 되고, 최종 납부가 끝난 후 법원에 면책 신청서를 제출하면 법원에서는 면책 결정을 내려 주게 되며, 이로써 개인회생 절차는 모두 종료되게 됩니다.

2. 신청 시 준비 서류

개인회생 신청 시 준비할 서류는 법원에 제출해야 하는 서류들이며, 대부분 자신이 작성한 개인회생 신청서에 대한 내용을 증명할 서류들입니다.

예컨대, 신청서상 신분과 주소가 맞는 지를 확인하는 서류로 주민 등록 등본 및 초본, 소득을 확인하는 서류로 재직 증명서를 제출하는 것입니다.

그렇기 때문에 서류는 보통 공통적으로 준비하는 것들이 많으나 개별적으로는 자신이 특별한 사정이 있어 이를 추가적으로 법원에 설명을 하고 싶거나 법원의 권고나 명령에 의해 소명해야 할 사항에 대한 서류들도 있어 이는 그때그때 판단하여 준비를 해야 합니다. 이러한 추가 개별적 서류들은 법원에 신청서 접수 이후 보정 권고를 받고 제출하여도 무방하기 때문에 여기서는 공통적으로 주로 준비하는 서류들을 설명하도록 하겠습니다.

〈개인회생 신청 시 준비 서류〉

1. 기본적인 준비 서류(주민 센터 발급)
- 주민 등록 등본/원초본(과거 주소 변동 포함) 각 1통
- 가족 관계 증명서
- 혼인 관계 증명서(미혼인 경우도)
- 세목별 과세 증명서(최근 5년간 모든 세목에 대하여)

2. 재직 및 소득 관련 서류
가. 급여 소득자인 경우
- 재직 증명서
- 급여 명세서(최근 1년분 또는 입사 시부터 현재까지)

- 신청 전년도 근로 소득 원천 징수 영수증(없는 경우 소득 금액 증명서 3년 치)
- 급여 통장 거래 내역서(최근 1년분)

나. 사업자인 경우
- 사업자 등록증 사본
- 사업장 임대차 계약서 사본
- 매출/매입 관련 자료[매출 장부, 세금 계산서 합계표, 현금 및 신용 카드 매출 매입 집계표, 사업장의 내·외부 사진(4장 정도), 사업자 소득 금액 증명, 부가 가치세 과세 증명, 손익 계산서, 재무제표 中 준비 가능한 서류 일체]
*사업자의 경우 사업 특성에 따라 수익 구조나 소득 산정의 방법이 다르기 때문에 수입 증빙에 필요하다 생각하시는 모든 서류를 준비해 주시면 좋습니다.

3. 기타 준비 서류(신청 접수 이후에 준비해 주셔도 됩니다.)
- 소유 차량의 자동차 등록 원부(동사무소 또는 인터넷 'ecar' 사이트)
- 거주지가 임대차(월세/전세)인 경우 임대차 계약서
- 개인별 토지 소유 현황(인터넷 '온나라부동산포털' 홈페이지 검색 후 부동산 정보>내 토지 찾기 서비스 조회 후 프린트 또는 시청이나 구청)
- 보험 가입 조회서(인터넷 '생명 보험 협회' 홈페이지에서 조회 후 발급)
- 보험 가입 조회서상 가입된 각 보험의 예상 해약 환급금 확인서(각 보험사 전화 후 팩스요청)
- 건강 보험 자격 득실 확인서(건강 공단 전화 후 팩스 요청)
- 연금 산정용 가입 내역 확인서(연금 공단 전화 후 팩스 요청)
- 보유하고 계신 모든 통장 계좌의 최근 1년간 거래 내역서
- 모든 신용 카드의 거래 내역서(최근 1년, 카드사 연락 후 팩스 요청)

4. 기혼이신 경우 배우자 관련 서류

- 배우자의 주민 등록 원초본
- 세목별 과세 증명서
- 개인별 토지 소유 현황
- 생명 보험 협회 발급 보험 가입 조회서
- 재산을 보유한 경우 재산 관련 서류(부동산 등기부 등본, 자동차 등록 원부 등)

5. 각 채권자(신용 카드사, 대출사)의 부채 증명서 또는 판결문

3. 관할 법원 찾기

어떤 사건이든 법원에 신청 또는 소송을 제기하는 서류를 제출하려면 국내에 있는 여러 곳의 법원 중 그 사건과 관련된 법원에 제출해야 되는데, 이것을 관할이라고 하며, 자신이 신청하려는 사건에 맞는 관할 법원에 신청을 하여야 합니다.

개인회생 사건의 경우 관할 법원은 주소지(이때 주소지와 실 거주지가 다르다면 실거주지를 기준으로)를 기준으로 각 지역의 지방 법원이며, 서울특별시의 경우 모든 사건은 서울 회생 법원에 신청을 해야 합니다.

예컨대, 제주도민이라면 제주 지방 법원, 부산 시민이라면 부산 지방 법원이 관할 법원이 되며, 그 법원에 신청을 하여야 합니다.

관할 법원이 어디인지 쉽게 판단이 되지 않는다면, 인터넷 '대법원 대국민 서비스 홈페이지' 상단 '각급 법원'으로 접속하시면 관할 법원을 쉽게 찾을 수 있습니다.

4. 신청서 접수 및 주의 사항

(1) 서류 접수 및 제출

법원에서 진행되는 모든 소송과 신청의 공통 사항은 법원의 절차에 따라 엄격하게 진행된다는 점이며, 소송과 관련된 내용은 특별한 경우가 아니고는 거의 모든 사항을 서면으로 제출하게 되어있습니다.

개인회생도 마찬가지로 자신이 제출하고자 하는 내용이나 주장하고자 하는 내용을 '신청서' 또는 '보정서'라는 명칭의 서류로 작성하여 제출하면 됩니다.

서류도 준비했고, 관할 법원을 찾았다면 이제 신청서를 작성하여 법원에 신청서를 접수하면 되는데, 접수하는 방법은 직접 법원에 방문 또는 우편으로 접수 및 제출하거나 전자 소송 홈페이지를 통해 전자로 모든 서류를 접수 및 제출할 수 있습니다.

(전자 소송 홈페이지 https://ecfs.scourt.go.kr, 네이버에서 '전자 소송' 검색)

전자 소송은 서류 제출 및 법원으로부터의 송달을 받는 것이 모두 PC에서 가능하기 때문에 편리한 방법이며, 각종 양식들도 전자화되어 있어 굳이 제출하려는 양식을 다른 곳에서 어렵게 찾지 않아도 되는 장점이 있으므로 이용에 참고하시기 바랍니다.

(2) 비용의 납부

개인회생 신청서 접수 시 법원에 인지대와 송달료라는 소송 비용을 반드시 납부해야 하는데, 인지대는 2천 원이며, 송달료는 10회분 + (송달료 8회분 X 채권자수)라는 공식으로 계산한 금액(2023년도 기준 1회분 송달료= 5,200원)입니다.

위와 같은 송달료와 인지대는 법원의 지정 은행인 신한은행을 직접 방문하여 납부하거나 전자 소송을 통해 접수하는 경우에는 전자 소송에서 발급받을 수 있는 가상 계좌를 부여받아 납부를 하면 됩니다.

위와 같은 소송 비용을 납부하지 않는 경우 법원으로부터 납부하라는 명령을 받을 수 있으며, 이러한 명령에도 납부하지 않는 경우 신청이 취소(각하)될 수 있습니다.

(3) 신청 시 주의할 점

개인회생 신청 후 법원의 절차에 성실히 임하여야 한다는 점은 몇 번을 말씀드려도 아깝지 않을 만큼 중요한데, 어떤 점을 주의해야 하는지는 아래와 같이 법률에서 정하고 있으며, 이를 지키지 않는 경우 개인회생 신청이 기각될 수 있습니다.

〈채무자 회생 및 파산에 관한 법률 기각 사유에 대한 조항〉

제595조(개인회생 절차 개시 신청의 기각 사유) 법원은 다음 각호의 어느 하나에 해당하는 때에는 개인회생 절차 개시의 신청을 기각할 수 있다.

1. 채무자가 신청권자의 자격을 갖추지 아니한 때
2. 채무자가 제589조 제2항 각호의 어느 하나에 해당하는 서류를 제출하지 아니하거나, 허위로 작성하여 제출하거나 또는 법원이 정한 제출 기한을 준수하지 아니한 때
3. 채무자가 절차의 비용을 납부하지 아니한 때
4. 채무자가 변제 계획안의 제출 기한을 준수하지 아니한 때
5. 채무자가 신청일 전 5년 이내에 면책(파산 절차에 의한 면책을 포함한다)을 받은 사실이 있는 때
6. 개인회생 절차에 의함이 채권자 일반의 이익에 적합하지 아니한 때
7. 그 밖에 신청이 성실하지 아니하거나 상당한 이유 없이 절차를 지연시키는 때

◆ 신청서 작성 방법 및 절차

1. 신청서의 각 목록과 양식 다운로드 받기

개인회생을 신청할 시 반드시 작성하여 제출해야 할 서류는 개인회생 절차 개시 신청서, 채권자 목록, 재산 목록, 수입과 지출에 관한 목록, 진술서, 변제 계획안, 이 6가지입니다.

각 양식은 대법원 대국민 서비스 홈페이지 양식 페이지(https://www.scourt.go.kr)에서 다운로드 받으실 수 있으며, 수기 또는 워드(부득이한 경우가 아니면 워드로)로 작성하여 제출하면 됩니다.

여기서는 신청서 각 목록의 의미와, 작성 시 주의할 점은 무엇인지를 설명하고, 법원에서 설명하여 주고 있는 기본적인 작성 요령을 첨부하여 드립니다.

각 목록은 전문가가 아닌 개인도 쉽게 작성하실 수 있게 되어 있지만, 재산에 담보 채무가 있는 경우, 세금 채무가 있는 경우, 급여에 압류가 걸려 있는 경우 등의 특이 사항이 있는 경우는 전문가가 아니면 그 변제 계획안의 작성이 쉽지 않은 부분이 있는 만큼 그런 경우는 반드시 전문가 또는 법원 관계 기관의 도움을 받아 작성을 하실 것을 조언해 드립니다.

2. 개시 신청서의 작성

개인회생 절차 개시 신청서는 신청인의 이름, 주민 번호, 주소, 전화번호 등의 인적 사항과 개인회생을 신청하는 이유를 기재한 서류이며, 신청하는 신청 내용을 간략히 요약해 놓은 것이나 다름없기 때문에 개인적으로는 다른 목록들을 모두 작성한 후에 마지막으로 작성을 하시는 것도 좋은 방법이라고 생각합니다.

개인회생절차 개시신청서

신청인	성명		주민등록번호	
	주민등록상 주소			우편번호:
	현 주 소			우편번호:
	송 달 장 소		(송달영수인	)우편번호:
	전화번호(집·직장)		전화번호(휴대전화)	

대리인	성 명	
	사무실 주소	우편번호:
	전화번호(사무실)	
	이메일주소	팩스번호

주채무자가(또는 보증채무자가, 연대채무자가, 배우자가) 이미 귀 법원에 파산신청 또는 개인회생절차 개시신청을 하였으므로 그 사실을 아래와 같이 기재합니다.

성 명		사건번호	

신 청 취 지

「신청인에 대하여 개인회생절차를 개시한다.」라는 결정을 구합니다.

신 청 이 유

1. 신청인은, 첨부한 개인회생채권자목록 기재와 같은 채무를 부담하고 있으나, 수입 및 재산이 별지 수입 및 지출에 관한 목록과 재산목록에 기재된 바와 같으므로, 파산의 원인사실이 발생하였습니다(파산의 원인사실이 생길 염려가 있습니다).

   ☐ 신청인은 정기적이고 확실한 수입을 얻을 것으로 예상되고, 또한 채무자 회생 및 파산에 관한 법률 제595조에 해당하는 개시신청 기각사유는 없습니다(급여소득자의 경우).

   ☐ 신청인은 부동산임대소득·사업소득·농업소득·임업소득 그 밖에 이와 유사한 수입을 장래에 계속적으로 또는 반복하여 얻을 것으로 예상되고, 또한 채무자 회생 및 파산에 관한 법률 제595조에 해당하는 개시신청 기각사유는 없습니다(영업소득자의 경우).

2. 신청인은 각 회생채권자에 대한 채무 전액의 변제가 곤란하므로, 그 일부를 분할하여 지급할 계획입니다. 즉 현시점에서 계획하고 있는 변제예정액은＿＿＿개월간 월 ＿＿＿원씩이고,

D5100

〈개시 신청서 신청 이유 작성 요령〉

① 급여 소득자 또는 영업 소득자인지 여부를 신청 이유 1항의 해당란에 ☑ 표시를 합니다.
② 변제 계획안에 예정되어 있는 변제 기간과 월 변제 예정액을 각 기재하고 신청일로부터 2개월 후의 일정한 날(급여 소득자의 경우 급여일, 영업 소득자의 경우 매출 채권 회수일 등)을 정하여 그날을 제1회의 납입 개시일과 매월 변제일로 기재합니다. 여기서 기재하는 금액은 변제 계획 인가 시의 월 변제 예정액과 달라질 수 있습니다.
③ 개인회생 절차 개시 후 변제 계획이 불인가될 경우 그동안 적립된 금액을 반환받을 예금 계좌를 기재합니다. ← 신청인이 사용하고 있는 계좌 중 하나를 기재하세요.

3. 채권자 목록

채권자란 쉽게 말하면 빚을 갚을 것을 청구할 수 있는 권리를 가진 사람을 말하는데, 예컨대 어떤 은행에서 대출을 받았다면 그 은행은 채권자, 신청인은 채무자가 됩니다.

채권자 목록은 신청인의 모든 채무를 기재하는 서류라고 할 수 있는데, 채권자의 이름, 주소, 연락처, 채권 금액(원금 및 이자) 등을 기재하게 되어 있습니다.

채권자 목록 작성을 위해서는 기본적으로 부채 증명서라는 서류가 반드시 필요합니다. 부채 증명서는 채권자가 채무자에 대한 채권 내용, 즉 금액, 빌린 일시, 연체된 경우 이자, 어떤 내용으로 빌린 것인지 등을 자세하게 기재한 서류입니다. 이것이 있어야 채권자 목록의 각 사항들을 기입할 수 있습니다.

부채 증명서는 신청인이 대출을 받은 기관(은행이면 해당 은행, 카드사라면 해당 카드사)에 연락 또는 방문하여 발급받을 수 있고, 채권자가 많아 발급받기가 어려운 경우에는 부채 증명서 발급 대행업체에 위탁하여 발급받는 방법도 있습니다.

만약 부득이 부채 증명서가 없는 경우 기재 사항 중 최대한 기입 가능한 사항을 기입하고, 추후 그 내용을 입증할 수 있는 서류를 채권자로부터 받아야 합니다.

채권자 목록 작성 시 가장 유의할 점은 자신의 채무를 빠뜨리지 않고 모두 기입하는 것이 중요한데, 채권자 목록에서 빠진 채무는 개인회생 절차상의 당사자가 아니기 때문에 법원의 명령을 가지고 채권자에게 대항할 수가 없거나 심지어 면책을 받을 수 없는 경우도 생길 수 있기 때문에, 누락한 경우에는 반드시 다시 추가하여 수정한 채권자 목록을 법원에 제출해야 합니다.

[신청서 첨부서류 1]

개인회생채권자목록

채권현재액 산정기준일:　　.　　.　　.　　　　　　　　　목록 작성일:　　.　　.　　.

채권현재액 총합계		담보부 회생 채권액의 합계		무담보 회생 채권액의 합계	
원금의 합계					
이자의 합계					

※ 개시 후 이자 등: 아래 각 채권의 개시결정일 이후의 이자·지연손해금 등은 채무자 회생 및 파산에 관한 법률 제581조제2항, 제446조제1항제1,2호의 후순위채권입니다.

채권번호	채권자	채권의 원인	주소 및 연락 가능한 전화번호	
		채권의 내용		부속서류 유무
		채권현재액(원금)	채권현재액(원금) 산정근거	
		채권현재액(이자)	채권현재액(이자) 산정근거	
			(주소) (전화)　　　　　(팩스)	
				☐ 부속서류 (1, 2, 3, 4)
			(주소) (전화)　　　　　(팩스)	
				☐ 부속서류 (1, 2, 3, 4)
			(주소) (전화)　　　　　(팩스)	
				☐ 부속서류 (1, 2, 3, 4)
			(주소) (전화)　　　　　(팩스)	
				☐ 부속서류 (1, 2, 3, 4)

D5106

〈개인회생 채권자 목록 작성 시 유의 사항(대법원 양식 첨부)〉

1. **채권 현재액 산정 기준일**: 채권 현재액을 산정함에 있어서 기준이 되는 일자로 신청일 또는 신청 예정일을 기재합니다.
2. **채권의 기재 순서**: 채권의 기재는 우선권이 있는 채권, 담보부 개인회생 채권(유치권·질권·저당권·양도담보권·가등기 담보권·전세권 또는 우선 특권으로 담보된 개인회생 채권), 무담보 일반 개인회생 채권, 후순위 채권의 순서로 기재하고 발생 일자에 따라 오래된 것부터 먼저 기재하되 여러 채권을 가진 동일한 채권자는 연속하여 기재합니다.
3. **채권 현재액 총합계 등**: 채권자 목록에 기재된 채권 현재액의 원금 또는 이자를 합산하여 '채권 현재액 총합계' 란의 합계, 원금, 이자로 나누어 먼저 기재합니다. 다음으로 부속서류 1의 'ⓔ 담보부 회생 채권액'의 합계란의 금액을 '담보부 회생 채권액의 합계'란에 기재합니다. 마지막으로 '채권 현재액 총합계'의 '원금'에서 '담보부 회생 채권액의 합계'를 공제한 금액을 '무담보 회생 채권액의 합계' 란에 기재합니다.
4. **채권자**: 법인 등의 경우 법인 등기부에 기재된 정식 명칭을 기재합니다. 개인 영업자의 경우 개인의 이름을 기재하되 실제 영업상 사용되는 명칭을 괄호에 넣어 병기합니다.
(예: 홍길동(○○ 상사))
5. **채권의 원인**: 채권의 발생 당시를 기준으로 차용금, 매매 대금 등의 채권의 발생 원인, 시기 또는 기간 등을 간략히 기재하되 대여금 등의 경우 최초의 원금을 같이 기재합니다.
(예, 2003. 1. 1. 자 대여금 10,000,000원)
6. **채권의 내용**: 잔존 채권의 내용, 즉 산정 기준일의 원금 잔액과 기존에 발생하였거나 앞으로 발생할 이자(지연 손해금) 등을 이자율 등에 따른 기간으로 구분하여 기재합니다.

7. 채권 현재액: 채권 현재액 산정 기준일 현재의 원금과 이자(지연 손해금 포함)를 구분하여 기재합니다. 단, 우선권 있는 개인회생 채권의 개시 결정 전일까지의 이자(지연 손해금 포함)는 원금에 산입하여 기재합니다.
8. 채권 현재액 산정 근거: 채권 현재액이 어떻게 산정되었는지 상세하게 기재합니다. 산정 근거를 기재할 때에는 잔여 원금과 이자 등으로 크게 구분하고, 이자 등을 계산할 때에는 산정 대상 원금, 이자율이 변경되는 경우에는 원금, 이자율이 달라지는 기간별로 나누어 계산한 근거를 기재합니다. 다만 변제 계획안이 원금만을 변제하는 것으로 작성된 경우에는 채권 현재액의 이자 산정은 월 미만은 버리는 등으로 간이하게 산정하여도 무방하고, 금융 기관에서 발급한 원금과 이자 등이 구분된 부채 확인서 등을 첨부하여 채권 현재액의 산정 근거에 '부채 확인서 등 참조(산정 기준일 ○. ○. ○.)'라고만 기재하여도 됩니다. 금융 기관 등 채권자로부터 부채 확인서를 발급받기 어려운 경우에는 채권자에 대하여 원금, 이자, 이자율 등에 관한 자료 송부를 청구한 다음 그 청구서를 첨부하여 제출하면 됩니다.(추후 채권자로부터 자료가 송부되어 온 다음에 그 내용을 검토하여 개인회생 채권자 목록의 기재를 수정하여 다시 제출하여야 합니다)(채무자 회생 및 파산에 관한 규칙 제82조, 개인회생 사건 처리 지침 제4조)
9. 보증인: 채무자의 채무에 대하여 연대 보증인 등이 있는 경우에는, 연대 보증인 등을 채권자 목록에 기재하고, 채권의 원인은 보증의 구체적인 내역을, 채권 현재액란에는 '장래의 구상권'으로, 채권의 내용란에는 '보증 채무를 대위 변제할 경우 구상 금액'이라고 기재하되, 채권 번호는 보증한 채권의 채권 번호에 가지번호를 붙여 표시하고 보증한 채권 바로 다음에 기재합니다. (예: 연대 보증한 채무의 채권 번호가 3일 경우 보증 채권은 3-1로 표시)

10. 부속서류 유무: 별제권 부채권 및 이에 준하는 채권의 내역은 부속서류 1에, 다툼이 있거나 예상되는 채권의 내역은 부속서류 2에, 전부 명령의 내역은 부속서류 3에, 기타의 경우 부속서류 4에 각각 체크하고 상세한 내용은 해당 부속서류에 각각 기재합니다.
11. 소명자료 제출: 채권자 목록상의 채권자 및 채권 금액에 관한 각 소명자료를 1통씩 제출하십시오.

4. 재산 목록

재산 목록은 신청인이 보유하고 있는 재산의 종류와 그 가치(금액)를 기재하는 서류인데, 재산 목록 양식상에 대부분의 재산 종류가 기재되어 있기 때문에 해당되는 목록에 표시하고 그 가액을 기재하는 방법으로 간단히 작성할 수 있습니다.

재산 목록 작성 시 유의할 점은 앞서 설명한 바와 같이 그 재산의 현재 가치를 판단하여 기재하는 것이 중요합니다.

재산이 없는 경우는 크게 문제 될 것이 없지만, 경우에 따라서는 재산 가치가 많을수록 신청인이 갚아야 할 매월 변제 금액이 커질 수도 있기 때문에 그 재산의 실제 가치를 기재하는 것이 매우 중요합니다.

예컨대, 자동차의 경우는 보통 타고 다니던 중고 물품이기 때문에 현재 시장에서의 중고 시세가 얼마인지 차이가 발생하는데, 중고 시세란 것이 자동차의 연식과 상태에 따라 달라질 수도 있기 때문에 이러한 부분을 꼼꼼히 살펴보아야 합니다.

또한 임차 보증금이 있는 경우, 민사 집행법에서 정한 소액 임차 보증금은 압류 금지 채권으로서 일정 부분은 재산으로 보지 않고, 월세가 수개월 동안 연체된 경우 반환받을 수 있는 실제 보증금이 적거나 없는 경우도 있기 때문에 그 실제 가치를 꼭 따져 보아야 합니다.

예를 들어, 현재 서울 지역의 경우 1억 6,500만 원 이하 임차 보증금에 대한 소액 임차 보증금 보호 금액(최우선 변제 금액)은 5,500만 원까지이므로, 신청인 명의의 보증금이 1억 6,500만 원 이하라면 5,500만 원은 공제하여 보증금 가액을 기재하면 됩니다(예: 만약 1억 원의 임차 보증금이 있다면 4,500만 원만 기재).

[신청서 첨부서류 2]

재 산 목 록

명 칭	금액 또는 시가 (단위: 원)	압류 유무	비 고			
현금						
예금			금융기관명	(1) 은행	(2) 은행	
			계좌번호			
			잔고			
보험			보험회사명	(1) 생명		
			증권번호			
			해약반환금			
자동차 (오토바이 포함)						
임차보증금 (반환받을 금액을 금액란에 적는다.)			임차물건			
			보증금 및 월세			
			차이 나는 사유			
부동산 (환가예상액에서 피담보채권을 뺀 금액을 금액란에 적는다.)			소재지,면적			
			부동산의 종류	토지( ), 건물( ), 집합건물( )		
			권리의 종류			
			환가예상액			
			담보권 설정된 경우 그 종류 및 담보액			
사업용 설비, 재고품, 비품 등			품목, 개수			
			구입 시기			
			평가액			
대여금 채권			상대방 채무자 1:		□ 소명자료 별첨	
			상대방 채무자 2:		□ 소명자료 별첨	
매출금 채권			상대방 채무자 1:		□ 소명자료 별첨	
			상대방 채무자 2:		□ 소명자료 별첨	
예상 퇴직금			근무처:	(압류할 수 없는 퇴직금 원 제외)		
기타 ( )						
합계						
면제재산 결정신청 금액			면제재산 결정신청 내용:			
청산가치						

◆ 신청서 작성 방법 및 절차

〈재산 목록 작성 시 유의 사항〉

1. 현금
- 10만 원 이상인 경우에 기재하여 주십시오.

2. 예금
- 소액이라도 반드시 기재하고, 정기 예금·적금·주택 부금 등 예금의 종류를 불문하고 모두 기재하십시오. 그리고 개인회생 절차 신청 시의 잔고가 기재된 통장 사본을 첨부하십시오.

3. 보험
- 가입하고 있는 보험은 모두 기재하고, 보험 증권 사본 및 개인회생 절차 신청 시의 해약 반환금 예상액(없는 경우에는 없다는 사실)을 기재한 보험 회사의 증명서를 첨부하여 주십시오.

4. 자동차(오토바이 포함)
- 자동차 등록 원부와 시가 증명 자료를 첨부하여 주십시오.

5. 임차 보증금
- 반환받을 수 있는 금액을 적어 주시고, 계약상의 보증금과 반환받을 수 있는 금액이 차이 나는 경우에는 '차이 나는 사유' 란에 그 사유를 적어 주십시오.
- 임대차 계약서 사본 등 임차보증금 중 반환예상액을 알 수 있는 자료를 첨부하여 주십시오.

6. 부동산
- 등기부 등본 등과 재산세 과세 증명서 등 시가 증명 자료를 첨부하여 주십시오.
- 저당권 등 등기된 담보권에 대하여는 은행 등 담보권자가 작성한 피담보 채권의 잔액 증명서 등의 증명자료를 첨부하여 주십시오.

7. 사업용 설비, 재고품, 비품 등
- 영업 소득자의 경우에 그 영업에 필요한 설비 등을 기재하여 주십시오.

8. 대여금 채권
- 계약서의 사본 등 대여금의 현재액을 알 수 있는 자료를 첨부하고, 변제받는 것이 어려운 경우에는 그 사유를 기재한 진술서를 첨부하여 주십시오.

9. 매출금 채권
- 영업 소득자의 경우 영업 장부의 사본 등 매출금의 현재액을 알 수 있는 자료를 첨부하고, 변제받는 것이 곤란한 경우에는 그 사유를 기재한 진술서를 첨부하여 주십시오.

10. 예상 퇴직금
- 현재 퇴직할 경우 지급받을 수 있는 퇴직금 예상액(다만 압류할 수 없는 부분은 기재하지 아니하고, 비고란에 표시합니다.)을 기재하고 사용자 작성의 퇴직금 계산서 등 증명서를 첨부하여 주십시오.

11. 면제 재산 결정 신청 금액
- 면제 재산 결정을 신청한 재산의 금액과 그 내역을 기재하여 주시고 재산 합계액에서 면제 재산 결정 신청 금액을 공제한 잔액을 청산 가치로 기재하여 주십시오.

12. 압류 및 가압류 유무
- 재산 항목에 대하여 압류·가압류 등 강제 집행이 있는 경우에는 그 유무를 해당란에 표시하고, 그러한 압류·가압류의 결정 법원, 사건 번호, 상대방 채권자, 압류된 금액 등 상세한 내용은 [신청서 첨부 서류 4] 진술서의 해당란에 기재하고 관련 자료를 첨부하여 주십시오.

13. 기재할 사항이 많은 항목은, 그 항목에 '별지 기재와 같음'이라고 적은 후, 별지를 첨부하여 주십시오.

5. 수입 및 지출에 관한 목록

수입 및 지출에 관한 목록은 신청인이 자신의 소득에 대한 사항과 부양가족, 그에 따른 생계비 등의 지출 내용을 기재하는 서류입니다.

수입 상황에 대하여 작성 시 주의할 점은 신청인이 매월 장사나 영업을 통해 수입을 얻고 있는 사업 소득자형 소득자인지, 아니면 매월 고정적으로 급여를 받는 급여 소득자형 소득자인지를 구분해 주어야 하고, 사업 소득자의 경우는 매월 고정적인 수입이 아닐 경우가 많으므로 최근 1년을 기준으로 평균하여 월평균 순수익(매출금이 아닌 순수입)을 수입으로 산정하여 기재해야 하며, 급여 소득자의 경우 상여금이나 명절 인센티브 등도 수입으로 합산하여 계산하여야 하는 등 자료상 확인되는 금액이 아닌 실제 자신이 벌고 있는 순수입(예컨대, 통장 계좌로 입금되는 월급액)을 수입으로 산정해야 한다는 점입니다.

특히 실제 급여 명세서나 근로 원천 징수 영수증상의 월 소득은 높으나 실제 지급받는 금액은 낮은 경우 그러한 현상이 나타나는 이유를 설명하여야 하고, 그래야만 실제 받지도 않는 금액이 수입을 기준으로 변제금이 높게 책정되는 억울한 일을 피할 수 있습니다.

지출에 관한 기재 내용 중 가장 중요한 것은 부양가족과 생계비입니다. 개인회생 절차에서 기본적인 변제금의 산정은 월수입에서 생계비를 제한 금액을 기준으로 합니다.

여기서 생계비란 개인이 최소한의 생활을 유지하기 위한 비용을 수치화한 것으로, 법원에서는 매년 보건복지부에서 정하는 기준 중위 소득의 60%를 생계비의 기준으로 정하고 있으며, 이러한 생계비는 한 가구의 구성원의 수에 따라 그 금액이 다른데, 2023년도 가구당 기준 중위 소득은 다음의 표와 같습니다.

2023년도 가구당 기준 중위 소득

구분	기준 중위 소득	60%
1인 가구	2,077,982원	1,246,789원
1.5인 가구		1,660,241원
2인 가구	3,456,155원	2,073,693원
2.5인 가구		2,367,291원
3인 가구	4,434,816원	2,660,889원
4인 가구	5,400,964원	3,240,578원
5인 가구	6,330,688원	3,798,412원

출처: https://www.easylaw.go.kr/CSP/OnhunqueansInfoRetrieve.laf?onhunqnaAstSeq=97&onhunqueSeq=5739

예컨대, 월 250만 원을 수입으로 하는 A와 B가 있다고 가정했을 때, A는 결혼을 하여 미성년이 된 자녀가 1명이 있고, B는 아직 결혼을 하지 않고 혼자 지내고 있는 경우, A는 자녀 1명을 부양가족으로 인정을 받아 2인 가구가 되고, B는 부양가족이 없기 때문에 1인 가구가 됩니다. 결과적으로 똑같은 수입을 얻지만 A는 2인 가구로 인정받아 월 약 200만 원의 생계비를 제한 약 50만 원(수입 250만 원 - 생계비 200

만 원)을 변제금으로 납부하게 되었지만, B는 1인 가구 생계비만 인정을 받아 수입에서 120만 원을 제한 130만 원(수입 250만 원 - 생계비 120만 원)을 변제금으로 납부하게 되는 것입니다.

여기서 수입의 산정과 부양가족 여부가 얼마나 중요한지 알 수가 있는데, 부양가족으로 산정될 수 있는 사람은 기본적으로 만 65세 이상의 부모님, 미성년 자녀이고, 기타 신청인이 부양하지 않으면 생계를 유지하기 어려운 가족 정도입니다.

위와 같이 신청인의 수입과 지출은 변제금을 정하는 가장 중요한 기준이며, 똑같은 빚을 가지고 있더라도 '수입이 많은 사람은 적은 사람보다 많이 갚고', '부양가족이 많을수록 적게 갚는다'라는 얘기가 생기는 것이 위와 같은 이유이기 때문에 개인회생을 신청한 사람은 자신의 실질적인 소득 상황, 부양가족 여부, 지출 상황을 법원에 소상히 설명하고 설명해야 한다는 점을 유념하셔야 합니다.

[신청서 첨부서류 3]

수입 및 지출에 관한 목록

I. 현재의 수입 목록

(단위: 원)

수입 상황	자영(상호)		고용(직장명)	
	업종		직위	
	종사 경력	년 개월	근무 기간	년 월부터 현재까지
명목	기간 구분	금액	연간 환산 금액	압류, 가압류 등 유무
	연 수입		월 평균 수입 ( )	

II. 변제 계획 수행 시의 예상 지출 목록 (해당란에 ☑ 표시)

☐ **채무자가 예상하는 생계비가 보건복지부 공표 기준 중위소득의 100분의 60 이하인 경우**
보건복지부 공표 (   )인 가구 기준 중위소득 (   )원의 약 (   )%인 (   )원을 지출할 것으로 예상됩니다.

☐ **채무자가 예상하는 생계비가 보건복지부 공표 기준 중위소득의 100분의 60을 초과하는 경우**
보건복지부 공표 (   )인 가구 기준 중위소득 (   )원의 약 (   )%인 (   )원을 지출할 것으로 예상됩니다(뒷면 표에 내역과 사유를 상세히 기재하십시오).

III. 가족관계

관계	성명	연령	동거 여부 및 기간	직업	월 수입	재산 총액	부양 유무
배우자							
자							
자							

◆ 신청서 작성 방법 및 절차

〈수입 및 지출에 관한 목록 작성 시 유의 사항〉

1. 현재의 수입 목록

- 급여 소득자와 영업 소득자를 구분하여 수입 상황에 기재합니다. 급여 소득자의 경우 급여는, 신청일 현재 매월 받는 금액과 정기 상여금·연말 성과급 등 매월 받지 않는 금액을 구별하여, "소득세, 주민세, 건강 보험료, 국민연금 보험료, 고용 보험료, 산업 재해 보상 보험료 중 해당하는 금액(채무자 회생 및 파산에 관한 법률 제579조 제4호 나목 금액)"을 공제한 순수입액을 해당란에 기재하고, 다시 연 단위로 환산한 금액과 이를 평균한 월 평균 수입(소수점 이하는 올림)을 각각 기재합니다. 그리고 근로 소득세 원천 징수 영수증 사본, 급여 증명서, 급여 확인서, 급여 입금 통장 사본 등 소명 자료를 제출하여 주십시오.
- 연금 등의 일정 수입이 있는 경우에는 그 내역을 기재하고 연간 수령 금액을 환산하여 해당란에 기재합니다. 그리고 이를 소명할 수급 증명서 등의 자료를 첨부하여 주십시오.
- 영업 소득자의 경우, 수입 명목을 부동산 임대 소득·사업 소득·농업 소득·임대 소득 또는 기타 소득으로 구분하여 최근 1년간의 소득을 평균한 연간 소득 금액에서 소득세 등 위 법률 제579조 제4호 나목 소정 금액과 같은 호 라목 소정의 영업의 경영, 보존 및 계속을 위하여 필요한 비용을 공제한 순 소득액을 산출하여 이를 월평균 수입으로 환산(소수점 이하는 올림)하여 기재합니다. 소명 자료로는 종합 소득세 확정 신고서, 사업자 소득 금액 증명원, 기타 소득을 확인할 수 있는 자료를 첨부하여 주십시오.
- 최근 1년 동안 직장이나 직업의 변동이 있었던 경우는 변동 이후의 기간 동안의 소득을 평균한 소득 금액을 기준으로 산정하고, 변동 후의 기간에 대한 소명 자료를 제출하십시오.

- 수입에 대하여, 압류나 가압류 등 강제 집행이 있는 경우에는 그 유무를 해당란에 표시하고, 그러한 압류·가압류의 결정 법원, 사건 번호, 상대방 채권자, 압류된 금액 등 상세한 내용은 [신청서 첨부 서류 4] 진술서의 해당란에 기재하고 관련 서류를 첨부하여 주십시오.

2. 변제 계획 수행 시의 예상 지출 목록

- 채무자가 신고하는 지출 예상 생계비가 보건복지부 공표 기준 중위 소득의 100분의 60 이하인 경우에는 그 금액대로 인정받을 수 있으므로 해당란에 V표를 하고 그 내역만을 기재합니다.
- 채무자가 신고하는 지출 예상 생계비가 보건복지부 공표 기준 중위 소득의 100분의 60을 초과하는 경우에는 해당란에 V표를 하고 뒷면 표에 각 항목별로 나누어 추가로 지출되는 금액과 그 사유를 구체적으로 기재합니다. 이 경우 생계비가 추가 소요되는 근거에 관하여 구체적인 소명 자료를 제출하여야 합니다.

3. 가족 관계

- 채무자와 생계를 같이 하는 가족을 기재하고 동거 여부와 채무자의 수입에 의하여 부양되는지 유무를 표시하십시오. 가족 중 수입이 있는 자에 대하여는 급여 명세서 사본, 종합 소득세 확정 신고서 등을 첨부하여 주십시오.
- 동거 여부 및 동거 기간의 소명을 위해 주민 등록 등본 및 가족 관계 증명서를 제출하십시오.

4. 기타

- 기재할 사항이 많은 항목은, 그 항목에 '별지 기재와 같음'이라고 적은 후, 별지를 첨부하여 주십시오.

6. 진술서

진술서 목록은 신청인의 과거 경력, 현재의 주거 상황, 채무가 증가하여 개인회생에 이르게 된 사정 등을 간략하게 기재하는 서류입니다.

여기서 가장 중요한 것은 채무가 늘어난 이유를 구체적으로 자세히 기재해야 한다는 점이며, 보통 목록상 기재를 다 할 수 없는 경우가 많기 때문에 별도의 서류로 작성을 하여 제출을 하는 것이 좋습니다.

법원이 진술서를 중요하게 여기는 것은 앞서 설명해 드린 개인회생 제도의 취지 중 하나가 불운한 채무자를 경제적으로 회복시켜 주는 것에 있기 때문입니다. 진술서는 신청인이 어떻게 채무를 지게 되었고, 어떤 삶을 살아왔으며, 앞으로 변제할 의지가 있는 것인지를 판단할 수 있는 중요한 자료가 됩니다.

채무 증대 사유서를 작성할 때는 채무가 늘어난 이유를 중심으로, 힘들어지게 된 이유, 못 갚게 된 상황에서는 어떤 노력을 하였는지, 앞으로 어떤 각오로 변제를 해 나갈 것인지를 솔직하고 자세히 적으시는 것이 법원의 좋은 판단을 이끌어 내는 방법이 될 것입니다.

[신청서 첨부서류 4]

진 술 서

I. 경력

1. 최종 학력
　　　　년　　월　　일　　　　　　　학교 (졸업, 중퇴)

2. 과거 경력 (최근 경력부터 기재하여 주십시오.)

기간	년	월	일부터		현재까지 (자영, 근무)	
업종		직장명			직위	
기간	년	월	일부터	년	월	일까지 (자영, 근무)
업종		직장명			직위	
기간	년	월	일부터	년	월	일까지 (자영, 근무)
업종		직장명			직위	
기간	년	월	일부터	년	월	일까지 (자영, 근무)
업종		직장명			직위	

3. 과거 결혼, 이혼 경력
　　　　년　　월　　일　　　　　와 (결혼, 이혼)
　　　　년　　월　　일　　　　　와 (결혼, 이혼)
　　　　년　　월　　일　　　　　와 (결혼, 이혼)

II. 현재 주거 상황

거주를 시작한 시점 (　　　년　　월　　일)

거주 상황(해당란에 표시)	상세한 내역
㉠ 신청인 소유의 주택	
㉡ 사택 또는 기숙사 ㉢ 임차(전·월세) 주택	임대보증금 (　　　　　　원) 임대료 (월　　　　원), 연체액 (　　　　원) 임차인 성명 (　　　　)
㉣ 친족 소유 주택에 무상 거주 ㉤ 친족 외 소유 주택에 무상 거주	소유자 성명 (　　　　) 신청인과의 관계 (　　　　)
㉥ 기타(　　　　　　　　　)	

☆ ㉠ 또는 ㉣항을 선택한 분은 주택의 등기부등본을 첨부하여 주십시오.
☆ ㉡ 또는 ㉢항을 선택한 분은 임대차계약서(전월세 계약서) 또는 사용허가서 사본을 첨부하여 주시기 바랍니다.
☆ ㉣ 또는 ㉤항을 선택한 분은 소유자 작성의 거주 증명서를 첨부하여 주십시오.

III. 부채 상황

1. 채권자로부터 소송·지급명령·전부명령·압류·가압류 등을 받은 경험 (있음, 없음)

내　역	채권자	관할법원	사건번호

☆ 위 내역란에는 소송, 지급명령, 압류 등으로 그 내용을 기재합니다.
☆ 위 기재 사항에 해당하는 소장·지급명령·전부명령·압류 및 가압류결정의 각 사본을 첨부하여 주십시오.

2. 개인회생절차에 이르게 된 사정 (여러 항목 중복 선택 가능)

　( ) 생활비 부족　　　　　　　( ) 병원비 과다 지출
　( ) 교육비 과다 지출　　　　　( ) 음식, 음주, 여행, 도박 또는 취미 활동
　( ) 점포 운영의 실패　　　　　( ) 타인 채무의 보증
　( ) 주식 투자 실패　　　　　　( ) 사기 피해
　( ) 기타 (　　　　　　　　　　　　　　　　　　　　　　　　　)

3. 채무자가 많은 채무를 부담하게 된 사정 및 개인회생절차 개시의 신청에 이르게 된 사정에 관하여 구체적으로 기재하여 주십시오.(추가 기재 시에는 별지를 이용하시면 됩니다).

IV. 과거 면책절차 등의 이용 상황

절차	법원 또는 기관	신청 시기	현재까지 진행 상황
☐ 파산·면책절차 ☐ 화의·회생·개인회생절차			
☐ 신용회복위원회 워크아웃 ☐ 배드뱅크			(　　　)회 (　　　)원 변제

☆ 과거에 면책절차 등을 이용하였다면 해당란에 ☑ 표시 후 기재합니다.
☆ 신청일 전 10년 내에 회생사건·화의사건·파산사건 또는 개인회생사건을 신청한 사실이 있는 때에는 관련서류 1통을 제출하여야 합니다.

IV. 과거 면책절차 등의 이용 상황

절차	법원 또는 기관	신청 시기	현재까지 진행 상황
☐ 파산·면책절차 ☐ 화의·회생·개인회생절차			
☐ 신용회복위원회 워크아웃 ☐ 배드뱅크			(　　　)회 (　　　)원 변제

☆ 과거에 면책절차 등을 이용하였다면 해당란에 ☑ 표시 후 기재합니다.
☆ 신청일 전 10년 내에 회생사건·화의사건·파산사건 또는 개인회생사건을 신청한 사실이 있는 때에는 관련서류 1통을 제출하여야 합니다.

7. 변제 계획안

변제 계획안은 신청인의 월수입 및 생계비, 재산 가치 등의 기본적인 내용뿐만 아니라 변제 기간 및 변제금, 변제 방법, 나의 변제금이 채권자에게 어떻게 분배가 되는지까지, 신청인의 개인회생에 관한 모든 내용이 들어가 있는 서류라고 할 수 있으며, 개인회생 목록 중 가장 작성이 어려운 서류이기도 합니다.

변제 계획안의 구체적인 작성 요령은 대법원 대국민 서비스 홈페이지에서 '변제 계획안 작성 요령'을 검색하면 자세히 나와 있으니 참조하시기 바라며, 여기서는 변제 계획서 작성 시 유의할 사항 몇 가지를 설명해 드리고자 합니다.

변제 계획안 작성 시 주의할 점 첫 번째는 '청산 가치의 보장'입니다. 앞서 신청 자격을 설명하면서 말씀드린 바 있듯, 신청인이 변제 기간 동안 갚는 총 변제금이 현재 자신의 재산 가치보다는 커야 한다는 점입니다.

현재 개인회생의 최장 변제 기간은 5년이나, 기본적으로는 3년을 변제 기간으로 하도록 하고 있고, 3년만 갚으면 되는데 일부러 5년을 갚고 싶은 사람은 없을 것이지만, 만약 재산이 있어 위와 같은 청산 가치를 보장하기 위해서 상환 기간을 5년으로 정하기도 합니다.

둘째, 변제 계획서를 작성할 때는 너무도 당연한 애기이지만 최대한 이행 가능한 변제 계획, 법원 및 채권자들이 납득할 수 있는, 객관적이고 현실적인 변제 계획을 짜야 한다는 점입니다. 이 점은 전문가의 도움 없이 판단하기 어려울 것이지만 최대한의 정보력을 발휘해서 다른 사례들도 살펴 볼 필요가 있습니다.

기본적으로 신청인의 소득 금액에서 법원이 인정하여 주는 생계비를 제한 금액을 '변제금'으로 정하고, 변제금이 자신이 생각하는 것보다 높게 책정될 경우에는 과감히 일반적인 생계비의 기준을 벗어나 실제 부양하고 있는 가족의 수, 생활의 정도, 양육비, 치료비 등의 지출을 계산하여 실질적인 생계비를 공제하는 방안을 고려해 보아야 합니다. 다만, 일반적인 기준을 벗어난 생계비의 책정은 신청 이후 객관적인 자료와 함께 반드시 그 생계비가 필요한 이유를 법원에 어떻게 설명하는지가 매우 중요하며 그에 따라 변제 조건에 차이가 생길 수 있습니다.

20   개희   호 채무자: _____

변 제 계 획 (안)

           _____ . ___ . ___ 작성

1. 변제기간
  [ ]년 [ ]월 [ ]일부터 [ ]년 [ ]월 [ ]일까지 [ ]개월간

2. 변제에 제공되는 소득 또는 재산
 가. 소득
  (1) 수입
   ☐ 변제기간 동안 [   ]에서 받는 월 평균 수입 [   ]원
   ☐ 변제기간 동안 [   ]를 운영하여 얻는 월 평균 수입 [   ]원
  (2) 채무자 및 피부양자의 생활에 필요한 생계비
   (가) 채무자 및 피부양자: 총 [ ]명
   (나) 국민기초생활보장법에 의한 기준 중위소득의 100분의 60: 월 [ ]원
   (다) 채무자 회생 및 파산에 관한 법률에 따라 조정된 생계비: 월 [ ]원
  (3) 채무자의 가용소득
   기간 : [ ]년 [ ]월 [ ]일부터 [ ]년 [ ]월 [ ]일까지

① 월 평균 수입	② 월 평균 생계비	③ 월 평균 가용소득 (① - ②)	④ 월 회생위원 보수	⑤ 월 실제 가용소득 (③ - ④)	⑥ 변제 횟수 (월 단위로 환산)	⑦ 총 실제 가용소득 (⑤ × ⑥)

 나. 재산 : [해당 사항 있음 ☐ / 해당 사항 없음 ☑]

3. 개인회생재단채권에 대한 변제 [해당 사항 있음 ☐ / 해당 사항 없음 ☐]
 가. 회생위원의 보수 및 비용 [해당 사항 있음 ☐ / 해당 사항 없음 ☐]
    ☐ 인가결정 이전 업무에 대한 보수로 변제계획 인가 후 [150,000]원을 지급
    ☐ 인가결정 이후 업무에 대한 보수로 변제계획 인가 후 [채무자가 인가된 변제계획에 따라 입치한 금원의 1%]를 지급
 나. 기타 개인회생재단채권 [해당 사항 있음 ☐ / 해당 사항 없음 ☐]
  (1) 채권의 내용

◆ 개인회생 파산 면책에 대한 오해와 진실

1. 무조건 깎아 준다? 안 갚아도 된다?

개인회생이나 파산 면책 사건을 신청하는 많은 분들이 무조건 빚을 탕감하여 준다고 생각합니다. 이러한 생각이 전혀 틀린 것은 아니나 이와 같은 제도들이 반드시 빚을 탕감하여 주는 것은 아닙니다.

대표적으로 소득이 많은데 빚은 적은 경우가 있습니다. 300만 원의 수입을 벌고 있는 A란 미혼 청년이 빚은 3천만 원인 경우, 이미 취업 전 연체가 되었고, 취업을 했으나 한 번에 갚을 수는 없어 개인회생을 신청하는 경우인데, 이런 경우가 최근 적지 않게 있습니다.

이러한 경우 특별한 사정이 없는 한 A란 청년의 월 변제금은 약 180만 원 정도가 되며, 빚이 3천만 원이기 때문에 약 17개월 정도면 모든 빚을 갚을 수 있고 개인회생 절차가 종료됩니다. 이 경우 탕감되는 금액은 17개월간 납부해야 할 이자 정도입니다.

위 사례처럼 조건적으로 탕감이 안 되는 경우도 있으며, 개인회생 또는 파산을 신청하기 직전 늘어난 빚이 많거나, 대출금을 주식 투자나 도박이나 다른 불법적인 곳에 사용을 한 경우 등 그 사유와 사정에 따라서는 원금의 100%를 변제하는 경우도 많으며, 무조건 탕감을 받아

적게 갚을 것으로만 생각했던 분들은 그러한 법원의 판단을 받아들이지 못해 포기하거나 기각되는 사례도 있습니다.

법원은 채무자의 입장도 고려하지만 어찌 보면 피해자인 채권자의 입장도 고려해야 하기 때문입니다.

2. 다른 사람은 이랬는데…

필자는 간혹 이런 얘기를 많이 듣습니다.

"제가 아는 누구는 이렇게 결정을 받았다는데, 저는 왜 이렇게 변제금이 많은 것인가요?" 또는 "어떤 사람은 1개월 만에 끝났다는데, 저는 왜 이렇게 결정이 늦는 것인가요?"

보통 필자와 같은 변호사를 대리인으로 선임한 경우 나오는 얘기이긴 합니다.

이는 어찌 보면 당연한 비교일 수 있지만, 필자는 이렇게 답변을 드립니다.

"그 사람과 의뢰인님이 똑같은 사람은 아니잖아요."

맞습니다. 개인회생이나 파산 면책을 신청하는 많은 사람들이 각기 다른 삶을 살고 있고, 빚이 늘어난 이유, 소득, 가정 환경이 다 다르기 때문에 변제금이나 결정 나는 기간도 다를 수 있는 것입니다.

또한 신청 후 진행하는 과정에서의 서류 준비나 법원의 업무 진행 절차 등에서도 차이가 있을 수 있고, 자신의 상황을 법원이나 대리인에게 소상히 설명하여 설득하는 노력의 정도에서도 차이가 발생할 수 있으며, 심지어 아무런 이유를 알 수 없이 늦어지는 경우도 많습니다.

비슷한 상황일지라도 결과에 차이가 발생할 수 있다는 것입니다.

중요한 점은 그 차이가 중요한 것이 아니라, 좋은 결과가 있을 수 있도록 신청인 본인의 관심과 노력이 필요한 일이란 점입니다.

3. 대리인이 알아서 다 해 준다?

개인회생이나 파산 면책 신청 시 대부분의 사람들은 변호사나 법무사를 대리인으로 선임하여 사건 신청 및 진행을 맡기고 있습니다.

대리인이라는 것은 신청인을 대신하여 업무를 볼 수 있는 자격을 위임받은 사람인데, 변호사 또는 법무사의 자격을 가진 사람들입니다.

신청인이 대리인에게 개인회생이나 파산 사건을 위임하게 되면 신청서 작성 및 제출, 법원으로부터의 연락, 각종 서류 송달 및 제출, 추심에 대한 법률 자문 등 여러 가지 일들을 신경 쓰지 않고 처리할 수 있기 때문에 선임을 하여 진행을 합니다.

먹고 살기도 바쁜데 잘 알지도 못하는 일을 함에 있어 대리인은 매우 편리하고 좋은 조력자가 될 수 있습니다.

그러나 대리인이 모든 일을 알아서 해 줄 것이라는 오해는 위험합니다.

심지어 법원에서 요청하고 있는 서류를 준비하는 과정에서 "대리인이 알아서 떼 주는 거 아니냐"는 식으로 무관심한 경우도 많습니다.

개인회생이나 파산 면책 신청의 결과는 신청인 본인에게 적용되는 것이며, 신청인의 빚을 해결하기 위한 제도입니다. 즉, 개인회생의 경우 법원으로부터 결정된 변제금은 신청인 자신이 갚아 나갈 금액이며, 길게는 5년 동안 납부해야 될 금액이라는 점이 있는데, 이러한 중요한 내용을 신청인 본인의 관심 없이 아무런 신경도 쓰지 않는다면 좋은 결과를 얻을 수 없으며 후회하게 될 일이 생길 수도 있습니다. 아무리 뛰어나고 좋은 대리인도 본인의 일처럼 생각할 수가 없는 것이라는 점을 명심해야 합니다.

물론 알아서 잘 처리해 주며 적극적으로 의뢰인을 대신해 법원에 설명해 주는 대리인들도 많이 있지만 신청인 본인의 관심과 노력은 항상 필요합니다.

맺음말

한 나라를 예속시키는 방법은 두 가지다. 하나는 칼로 하는 것이고 다른 하나는 빚으로 하는 것이다. 칼로 하는 정복은 피정복민이 들고 일어날지도 모른다는 문제가 있다. 대들지 못하게 하려면 계속해서 힘을 가해야 한다. 그러나 빚으로 하는 정복은 소리 없이 그리고 부지불식간에 이루어지기 때문에 정복당한 사람들은 새 주인이 생겼다는 사실을 깨닫지도 못한다. 포식자는 후원자가 되고 보호자가 됐다. 이 점을 깨닫지 못하면 그들은 정복당한 것이고 그들 자신의 사회가 지닌 여러 도구들은 그들의 부를 포식자들에게 나르고 정복을 완성하는 데 쓰이게 된다.

미국 2대 대통령 존 애덤스가 한 말이다. 존 애덤스는 한 나라의 다른 나라에 대한 지배 방법을 통찰했는데, 한 사람이 다른 사람을 예속하는 방법도 크게 다르지 않다. 존 애덤스는 빚으로 하는 지배를 폭력으로 하는 지배보다 무서운 방법으로 표현하였는데, 그래서 우리는 종종 돈을 빌려준 자를 빚의 주인 즉 채주(債主)라고 부른다. 특히 갚을 능력 없이 돈을 빌리는 순간 이자의 끈질긴 지배가 시작된다.

실제 고대 사회에서는 종종 채주가 돈을 못 갚는 자를 노예로 삼곤 했다. 노예 제도는 사라졌지만 지금도 빚을 지면 사실상 채주의 노예가 될 수 있다.

이 책을 다 읽은 독자마다 실제 채주로부터 자유로워지기를 바란다. 하지만 명심하기를 바란다. 한때 자유로웠다가 채주의 노예가 된 사실을, 채주로부터 자유로워지기까지 힘든 싸움을 한 사실을 잊지 마시기 바란다. 여전히 자유인에게 주인 행세를 하기를 바라는 자들이 있다. 후원자처럼 보이는 포식자들이 있다는 사실을 잊지 마시기 바란다. 이들이 부지불식간에 찾아올 수 있다는 사실을 잊지 마시기 바란다.